**Dramaturges Éditeurs**
4401, rue Parthenais
Montréal (Québec) H2H 2G6
Téléphone : (514) 527-7226
Télécopieur : (514) 527-0174
Courriel : info@dramaturges.qc.ca
Site internet : www.dramaturges.qc.ca

Dramaturges Éditeurs choisit de respecter l'auteur
dans sa façon de transcrire l'oralité.

Mise en pages et maquette de la couverture : Yvan Bienvenue
Correction des épreuves : Daniel Gauthier
Illustration : © Claude Théberge, « Coup de vent »

Nous remercions le Conseil des Arts du Canada
de l'aide accordée à notre programme de publication.
Nous remercions aussi la Sodec.

Dépôt légal : quatrième trimestre 2006
Bibliothèque nationale du Québec
Bibliothèque nationale du Canada

ISBN 2-922182-83-5

Marc-Antoine Cyr

# LES FLAQUES

Pièce jeune public
dans laquelle dansent de la pluie et du vent

Dramaturges Éditeurs

# AUSSI CHEZ DRAMATURGES ÉDITEURS

## Une histoire d'anges…

J'ai connu Marc-Antoine Cyr en Gaspésie un été où je jouais au Théâtre La Moluque. Il était alors musicien et interprétait un ange violoniste.

Je l'ai connu comme auteur aussi. Il sortait à peine de l'enfance et déjà il écrivait de la poésie. Moi, je lisais des textes d'auteurs gaspésiens pour une émission littéraire à Télé-Québec et je découvrais sa plume légère, libre et sensible… Une plume de goéland, de sterne et de héron. Une plume qui prend son élan, s'envole et plane…

À la fin de cet été-là, Marc-Antoine a quitté sa Gaspésie pour venir étudier le théâtre à Montréal. J'ai fait le voyage avec lui du Carleton de son enfance à ce Montréal de jeune adulte, trajet que moi aussi j'avais fait presque vingt ans plus tôt pour répondre à l'appel du théâtre et voler de mes propres ailes. Ce matin-là du mois d'août, le fils quittait l'enfance et ses parents, l'âme et le cœur légers, heureux de prendre le large sans savoir ce qui l'attendait (ou du moins, je le crois…), avec un brin d'insouciance en tout cas. J'ai vu l'accolade avec son père et sa mère… J'étais témoin de la scène des adieux, bien malgré moi. Mon cœur de mère compatissait. Mon âme d'artiste savait qu'il devait en être ainsi…

Et ce fut le départ sur les chapeaux de roue, avec les bicyclettes sur le toit… Le long ruban de la 132 nous a menés jusqu'à la 20 qui nous a propulsés dans la grande ville. Puis nos routes se sont séparées. Allez! Bon vent!

Voilà pour la petite histoire…

\*\*\*

Parfois, nos chemins se croisaient au théâtre. À chaque fois, c'était la joie. J'étais ravie de voir Marc-Antoine assister aux représentations du Théâtre Bouches Décousues et s'intéresser au théâtre jeune public. Il a vu *La Bonne Femme*, *L'Arche de Noémie*, *Le Pingouin*, *La Mère Merle*… À chaque fois, il me disait avec tout son cœur ce qu'il recevait, de la même manière qu'il l'aurait fait avec un spectacle destiné aux adultes. J'appréciais sa considération. Son ouverture.

Dans mon désir de poursuivre le développement du théâtre jeune public, j'ai lancé des invitations et fait savoir qu'il y avait place pour d'autres écritures au Théâtre Bouches Décousues. Que je n'étais pas l'unique auteure de cette compagnie que j'ai fondée, que j'aime et dont je souhaite la continuité.

Marc-Antoine venait d'assister à un parcours de *La Couturière*, qui, m'a-t-il dit, l'avait touché. Son intérêt pour le théâtre jeune public ne s'étant jamais démenti, je lui ai proposé d'écrire pour le TBD. Il a souhaité poursuivre dans la même veine, avec le désir de mêler les disciplines artistiques. Avec *La Couturière*, c'est le théâtre qui rencontre les arts visuels, avec *Les Flaques*, ce serait la danse. Et il avouait, en toute candeur, ne rien connaître à la danse. Il voulait aller à la rencontre de l'inconnu. Partir à la découverte de soi et de l'autre. Je lui ai donné le feu vert. Et il a plongé dans *Les Flaques*…

Première version 2002. Création 2006. Long processus. Et grâce au Programme de Soutien à l'école Montréalaise dirigé par cet homme généreux et visionnaire qu'est André Bourassa pour ne pas le nommer, en collaboration avec le Conseil des Arts de Montréal et plus particulièrement avec l'appui et l'intelligence de cette femme de cœur qu'est Nathalie Maillé, nous avons travaillé de concert avec des enfants de quatre arrondissements de Montréal.

Et nous avons pris le large…

*« Ça commence par une histoire. Ça commence toujours comme ça… »*

L'histoire d'un petit garçon débordant d'amour qui voulait mettre le vent dans une bouteille pour l'offrir à sa mère…

L'histoire du théâtre qui voulait rencontrer la danse et la musique sur une scène intime et maritime.

L'histoire d'artistes et d'enfants naviguant, toutes voiles dehors, sur les mers de la création.

De la lecture du texte en classe jusqu'à la représentation, en passant par la présence à une répétition dans un lieu culturel de leur arrondissement, plus de mille enfants auront ainsi participé au processus de création et rencontré les différents artistes liés au projet : auteur, comédiens, danseurs, musicienne, metteure en scène, chorégraphe, concepteurs. Des enfants créateurs qui auront rêvé *Les Flaques* avec nous et qui, eux aussi, auront imaginé les personnages, les costumes, le décor, l'affiche. Des enfants qui auront partagé avec nous leurs idées, leurs émotions, leurs secrets, leurs talents. Des enfants qui, je le sais, je l'ai vu, ont rejoint Marc-Antoine au plus profond de lui-même en réagissant de façon si généreuse à son texte, trouvant un écho à ses personnages et à leurs peines, et confiant, à l'instar de Léontine et d'Anatole, leurs secrets à l'océan.

*** 

Des anges sont passés pendant *Les Flaques*. Certains sont venus chercher un père, une mère, une grand-maman, un frère, un ami, pour les conduire dans un ailleurs de mystère…

D'autres nous ont apporté des enfants d'amour : une nièce, une petite Rosemarie, une Laura, une Estelle, un petit Éli, une Joanie, un Nathan…

D'autres viendront encore…

*Les Flaques*, c'est une histoire d'anges.

Une histoire qui a germé entre les ailes d'un petit ange gaspésien, poète et violoniste, porteur de vent…

Une histoire qui se poursuit sur des bateaux de papier qui voguent d'une scène à une autre avec des centaines de mousses invités à lancer des bouteilles à la mer…

Une histoire qui s'ancre et s'encre entre les pages d'un livre en attente de lecteurs prêts à s'embarquer pour la traversée des mots… (merci Yvan!)

En écrivant *Les Flaques*, Marc-Antoine nous a monté un beau bateau où le très grand rencontre le très petit et où, enfants et adultes confondus, nous transportons le vent dans un océan de tendresse infinie.

Et nous sautons dans *Les Flaques* pour nous éclabousser de rires et de joie!
Et nous confions nos peines à la mer!
Et nous crions au ciel que nous sommes Vie!
Que nous sommes Vent!
Que nous sommes vi-vants!


Jasmine Dubé
Octobre 2006

À mon père

La première représentation publique des *Flaques*, a eu lieu le 22 novembre 2006, à la Maison de la culture Frontenac, à Montréal, lors des Coups de théâtre, le Festival international des arts jeune public.

Distribution :
CELUI QUI TRANSPORTE LE VENT : Alexandre Fortin
ANATOLE : Olivier Morin
LÉONTINE : Alexia Bürger
LE VENT : Stéphane Deligny
LA PLUIE : Ève Lalonde
et Maryse Poulin à la musique

Mise en scène : Jasmine Dubé
en collaboration avec le chorégraphe Pierre Paul-Savoie
Musique originale : Maryse Poulin
Éclairages et régie : Guillaume Cyr
Costumes, maquillages et coiffures : Angelo Barsetti
Coupe et confection : Julio Mejia

Direction de production : Jean Paquette

Une coproduction du Théâtre Bouches Décousues et de PPS Danse.

Ont collaboré aux étapes de recherche durant la création : Émilie Bibeau, Benoît McGinnis, Paul-Patrick Charbonneau, Catherine-Amélie Côté, Mathieu Bourguet, Sébastien René, Laurence Codebecq, Patricia Bergeron, Marie-Josée Simard...

Le texte a fait l'objet d'une mise en lecture à la Semaine de la dramaturgie du Centre des auteurs dramatiques (CEAD) le 13 décembre 2004. En 2005, une présentation publique a eu lieu lors des Fenêtres de la création du Théâtre de la Ville à Longueuil.

Des enfants de 21 écoles de quatre arrondissements de Montréal ont suivi la création du spectacle, de la lecture à la représentation. Ce travail a été rendu possible grâce au Programme de soutien à l'école montréalaise, au Conseil des arts de Montréal, au Programme montréalais d'action culturelle et au Fonds de collaboration entre les artistes et la communauté du Conseil des Arts du Canada. Un grand merci à tous, de tout cœur.

L'auteur tient à remercier tous les artistes qui ont si brillamment éclaboussé le projet, et tous les enfants aux yeux pleins d'étoiles et d'orages qui ont enluminé la pièce de leurs questions et de leurs sourires. Merci à tous nos donneurs de trésors, de parapluies et de bouteilles à la mer. Ce texte est à vous, avec vous.

# PERSONNAGES

Les personnages n'ont pas d'âge, ne sont ni trop enfants, ni trop adultes.

## CELUI QUI TRANSPORTE LE VENT
C'est un gavroche gentil, qui n'a plus mal d'avoir peur.
Le vent, la pluie, les nuages sont ses amis.

## ANATOLE
Il vient de perdre tous ses repères, et la peine le prend très fort.

## LÉONTINE
Elle a mis un imperméable sur son cœur.

## LE VENT ET LA PLUIE
Ce sont des danseurs. Ils transforment l'environnement des personnages.
Ils rythment les éléments, le bon et le mauvais temps.

*Les indications en italique sont des didascalies d'états, d'intentions.*

*LES INDICATIONS EN PETITES MAJUSCULES ITALIQUES APPARTIENNENT AU LANGAGE DE LA DANSE ET DE LA MUSIQUE. LES PERSONNAGES SONT ENTRAÎNÉS DANS LEUR SOUFFLE.*

# 1

*Celui qui Transporte le Vent est seul au
milieu du silence, une bouteille vide serrée
entre ses bras, tout contre lui.*

CELUI QUI TRANSPORTE LE VENT
Ça commence par une histoire. Ça commence toujours
comme ça.

L'histoire d'un petit, d'un tout petit garçon
À peine plus haut
Qu'un brin d'herbe qui aurait pas assez vu le soleil
Un garçon qui
Le jour de l'anniversaire de sa mère
Avait beaucoup réfléchi
Avait froncé les sourcils
Et décidé
Qu'il lui offrirait le plus grand
Le plus étonnant
Le plus géant de tous les cadeaux!
Un cadeau qui ferait
Qu'elle l'aimerait pour toujours!
Un cadeau tellement beau
Tellement
Qu'il lui enlèverait tous les chagrins des yeux!
Un si merveilleux présent

Qu'elle irait jusqu'à lui pardonner
À lui
Toutes les fois où il a désobéi
Et même, par avance, toutes les fois où il désobéirait !

Le petit garçon a pris une bouteille vide
Mis ses sandales, attaché tout seul la boucle
Est allé dans un champ rempli de fleurs
Mais sans s'arrêter pour en cueillir une seule…
Le garçon a pris un gros, un très gros élan
Et il s'est mis à courir à travers les herbes
(lui qui était à peine plus haut)
En tenant la bouteille ouverte tout au bout de ses bras
Il courait, s'essoufflait, riait !
Il lui montrerait bien comment grand il l'aimait
Lui, le petit
Avec ce cadeau-là !

Après avoir mis un bouchon à sa bouteille
Il est allé voir sa maman
Et lui a dit : « Voilà
Pour ta fête, je te donne… le vent ! »
Elle a ri…
Elle a essuyé ses yeux, mais pas à cause de la peine…
Elle était trop contente, sans doute…
« Ouvre la bouteille, maman !
Ouvre ! Écoute bien ! »
Elle a fait sauter le bouchon
Mis le goulot de la bouteille à son oreille
« Chut !… Écoute, ris pas, c'est important !
…
Rien ?
Pas de vent ? Mais je l'avais mis dedans !

Il peut pas s'être échappé!
C'était ton cadeau géant!»

— J'ai bien peur, mon garçon, a dit la maman
J'ai bien peur que le vent
On puisse pas l'enfermer
Dans une si petite bouteille…

C'est ce jour-là que la pluie a commencé
C'est le début de mon histoire

Le petit garçon de la bouteille a senti monter les larmes
Comme des pluies, ou l'orage, un torrent
Un chagrin inconsolable
L'océan débordé!

J'ai bien peur, maman
J'ai bien peur
Qu'un si gros chagrin
On puisse pas le laisser
Dans un si petit garçon…

> *Il appelle les forces du ciel, de toutes ses
> forces à lui!*

De la pluie!
Du vent!
Une tempête! Un orage!

> *LA PLUIE SE MET À TOMBER.*
> *LE VENT VIENT S'Y MÊLER.*
> *PUIS LES NUAGES ENVAHISSENT TOUT…*

# 2

*Une place vide. L'orage.*

*On entend des pleurs.*
*Anatole, tout seul au pied d'un lampadaire,*
*sans manteau, sans bottes, se fait mouiller*
*par l'averse. Il est transi, perdu.*

*Léontine est là, plus loin, immobile, les*
*pieds englués dans une flaque de boue.*
*Elle est abritée sous un parapluie, vêtue*
*d'un imperméable et nichée dans des*
*bottes de caoutchouc.*

*LA PLUIE PLEUT TRÈS FORT.*
*DES BOURRASQUES AGITENT L'AIR.*
*L'ORAGE GRONDE. TONNERRE!*

*Anatole recule lentement, pas à pas,*
*jusqu'à se cogner sur Léontine, qu'il*
*n'avait pas vue. Sursaut.*

ANATOLE
Pardon…

LÉONTINE
Attention!

ANATOLE
Pardon. Je voulais pas vous éclabousser...

LÉONTINE
... *(Soupir.)*

ANATOLE
Est-ce que je pourrais partager votre parapluie?

LÉONTINE
C'est qu'il est petit.

ANATOLE
Ah! Pas grave.

*Anatole laisse échapper quelques sanglots
discrets.*

LÉONTINE, *montrant ses yeux*
Euh!... il tombe déjà assez d'eau comme ça, vous
pensez pas?

ANATOLE
Pardon. Ça s'arrête pas de couler. J'ai beau essayer,
*(montrant son cœur),* on dirait que ça s'est brisé.

LÉONTINE
Mouchez votre nez. Ça va passer.

ANATOLE
Ça veut dire que vous aviez remarqué?

LÉONTINE
Pardon?

ANATOLE
Vous le saviez, non ? Que sur mes joues, c'étaient des gouttes de zyeux, pas des gouttes de pluie ?

LÉONTINE
Non, non.

ANATOLE
D'habitude, avec la pluie, ça fait trop de gouttes, les gens confondent. Ils font pas attention. Mais vous… Ça vous arrive peut-être à vous aussi, des fois ?

LÉONTINE
Moi ? Non.

ANATOLE
Même le ciel, ça lui arrive.

LÉONTINE
Pas moi, j'ai dit.

*LE CIEL N'EN FINIT PLUS DE S'AGITER. TONNERRE !*

ANATOLE
Vous voulez pas qu'on aille s'abriter ?

LÉONTINE
Non, merci. Ça va bien.

ANATOLE, *regardant tout autour*
Je sais pas vers où on irait, mais…

LÉONTINE
Ça va bien, ça va bien, ça va très bien.

ANATOLE

… si vous prenez ma main…

LÉONTINE

Je bougerai pas!

ANATOLE

Ah non?

LÉONTINE

Noooon! J'ai mis les pieds dans une flaque de boue!
Ben oui! Si j'agitais ne serait-ce que le bout d'un orteil,
je pourrais m'enfoncer encore plus! C'est toujours
comme ça, hein, ça commence par le bout du pied, pis
hop! après on en a jusqu'au cou! Alors je bougerai pas,
oh non! Vaut mieux pas. Non, non. Je vais rester
immobile. Et brave. Et attendre que ça passe.
D'ailleurs, je vais aussi me taire, je vais même pas
parler, si ça vous dérange pas. On sait jamais, je
pourrais glisser. Alors chut!… chut!… Ça va ben finir
par finir un moment donné… *(Temps.)* Par chance, il
est très solide, mon parapluie. Pis regardez mon bel
imperméable. Très bon. Très bonne marque.

*TONNERRE!*

LÉONTINE

J'haïs ça les orages!!!

*TONNERRE!*

ANATOLE

Moi, c'est pareil. Les orages c'est comme la peine, ça
revient toujours.

19

*TONNERRE! TONNERRE!*

**ANATOLE**
Non, pleurez pas, mes yeux, pleurez pas!
Je suis redevenu tout petit, on dirait...

*Il se frotte les yeux, il se frappe la tête.*

**LÉONTINE**
Euh!... on pourrait pas parler rien que de la pluie pis du beau temps?

*TONNERRE INSISTANT.*
*Léontine éternue.*

**LÉONTINE**
Un rhume, ben oui! Oh! que ça va bien...

**ANATOLE**
*(Sanglot, sanglot.)*

**LÉONTINE**
Atchoum!

**ANATOLE**
*(Sanglots en crescendo.)*

*LE CIEL SANGLOTE ET ÉTERNUE LUI AUSSI.*

**ANATOLE**
Ça suffit, là, la fin du monde!

**LÉONTINE,** *touchant ses poches*
Mes clefs! J'ai perdu mes clefs!

ANATOLE
Je voudrais rentrer chez moi.

*PETITE ACCALMIE.*

ANATOLE
Vous avez jamais peur, vous?

LÉONTINE
Moi? Pff! Peur de quoi?

ANATOLE
En ce moment, par exemple?

LÉONTINE
J'ai rien que perdu mes clefs, c'est tout! Rien qu'oublié mon chemin, rien que perdu pied! Rien qu'attrapé un rhume ou une pleurésie, c'est tout!

ANATOLE
Non, je veux dire : peur des déluges, des torrents, peur d'être laissée toute seule, peur de jamais savoir pourquoi les choses arrivent comme elles arrivent, toutes graves, peur que le vent nous emporte, peur d'avoir assez de pleurs pour se noyer dedans?

LÉONTINE
Ah! Ce genre de peur-là. *(Catégorique.)* Non.

ANATOLE
Non?

LÉONTINE
Non. Moi, les gens qui ont peur, je trouve que c'est des faibles, des nuls, des moins que rien.

*UN TONNERRE ÉCLATE. IL EST ÉNORME, CELUI-LÀ.*

ANATOLE
Est-ce que tu voudrais être une moins que rien avec moi?

*Léontine hésite, puis elle laisse entrer Anatole sous son parapluie.*

*L'ORAGE GRONDE TOUJOURS COMME UNE MENACE.*

# 3

*LE TEMPS CHANGE.*

*LES NUAGES SE RENVERSENT.*

*Anatole et Léontine entendent des cliquetis de bouteilles, quelqu'un qui s'approche. Ils voient arriver Celui qui Transporte le Vent. Ce promeneur transporte sur son dos, dans un baluchon, tout un paquet de bouteilles. Il leur fait signe de le suivre, puis s'éloigne.*

*Anatole et Léontine sont restés là, figés, bouche bée.*

ANATOLE, *hésitant*

Moi, c'est Anatole.

LÉONTINE

Léontine.

ANATOLE

Pis lui... tu crois que c'est la pluie qui l'envoie?

LÉONTINE

On dirait un égaré dans ses nuages...

ANATOLE

On dirait qu'il sort de la brume... On le suit! Viens-tu?

LÉONTINE
Mais… mon drame de flaque ?

ANATOLE
Attends…

*Anatole essaie d'aider Léontine à quitter
sa flaque de boue. En vain.*

LÉONTINE
Ma mère me le disait, aussi : « Tu vas pas sortir comme
ça dans la pluie battante ! » Elle disait : « Tu vas attraper
la mort ! »

ANATOLE
Parle pas de malheur !

*Celui qui Transporte le Vent revient vers
eux.*

CELUI QUI TRANSPORTE LE VENT
Est-ce que vous voulez traverser les flaques avec moi ?

LÉONTINE, *polie*
Euh !… c'est qu'il fait pas beau-beau, hein ?

CELUI QUI TRANSPORTE LE VENT
Venez.

LÉONTINE
Euh ! Monsieur… garçon… toi !

*Léontine montre ses bottes, prisonnières
de la boue. Celui qui Transporte le Vent,
aidé par Anatole, réussit à la sortir de ses*

*bottes puis à la sortir de la flaque. Celui qui Transporte le Vent sourit. Il donne ses bottes à Léontine. Et ses bottes à lui, il les prête à Anatole.*

CELUI QUI TRANSPORTE LE VENT
On y va?

ANATOLE et LÉONTINE, *mi-apeurés, mi-émerveillés*
Mais où est-ce que tu nous emmènes?

CELUI QUI TRANSPORTE LE VENT
Mais pas loin. Pas plus loin que... presque trois pas. Suivez-moi!

*Il part devant. Hésitation des deux autres.*

LÉONTINE
Bon, ben embarque en dessous de mon parapluie! On le suit!

ANATOLE
On le suit!

*Anatole et Léontine avancent ensemble contre bourrasques et pluie pour rejoindre Celui qui Transporte le Vent.*

# 4

*LES ÉLÉMENTS FONT UNE CACOPHONIE.*
*LA PLUIE S'ÉBAT TRÈS FORT. LE VENT*
*AGITE SES BOURRASQUES.*

LÉONTINE
Pardon, vous, mais la ville, elle est où? Par quel chemin?

*Celui qui Transporte le Vent ne répond pas.*

LÉONTINE
La météo prévoyait pas une si grosse tempête, hein?

*Celui qui Transporte le Vent ne répond pas.*

LÉONTINE
La ville, c'est de quel côté?

ANATOLE
Quand est-ce que le déluge arrête, le sais-tu?

*TONNERRES! BOURRASQUES DE VENT.*
*PLUIE EN RAFALES.*

LÉONTINE

Il me manque mes clefs, à moi, pis le chemin pour rentrer. Pourriez pas m'aider?

ANATOLE

Comment est-ce qu'on va faire pour traverser l'orage?

LÉONTINE, *perdant patience*

Mais je te dis qu'on est perdus!!!

*GRAND TONNERRE!*

CELUI QUI TRANSPORTE LE VENT

Bon. Ça va pas du tout. *(Il lève les bras au ciel, comme un chef d'orchestre.)* Les bourrasques, les tonnerres, accordez-vous!

> *Celui qui Transporte le Vent sort un gazou de ses poches. Il en fait sortir un la.*
> *LES TONNERRES S'ACCORDENT À CETTE NOTE COMME DES INSTRUMENTS DE MUSIQUE AVANT LE GRAND CONCERT.*
> *Celui qui Transporte le Vent donne le signal.*
> *LA PLUIE SE MET À FAIRE SES VRILLES MOUILLÉES. LE VENT ENTAME UNE DANSE.*
> *Anatole sanglote, puis il sent des rires qui se mélangent à ses sanglots, confusément.*
> *Léontine se fait ballotter... jusqu'à ce qu'elle se fâche et arrête tout.*

LÉONTINE

Wôôô!!!

*L'ORAGE, ÉTONNÉ, SE CALME. Silence.*

LÉONTINE

Oui. Bon. En fait, on oublie pas, ici, c'est d'abord et avant tout un problème de clefs… Vous là, c'est quoi déjà, votre petit nom?

CELUI QUI TRANSPORTE LE VENT

Je suis Celui qui Transporte le Vent.

LÉONTINE

Ah! Pis à part faire chanter des gouttes d'eau qui chantent même pas pour vrai, vous connaissez pas un chemin pour nous ramener? Hein, c'est par où qu'on avance?

CELUI QUI TRANSPORTE LE VENT

Je sais plus. Je pense que nos histoires ont besoin de prendre l'air. On pourrait leur donner des coups de vent…

LÉONTINE

Mais t'es qui, toi? Tu dis des choses qui… ah!

CELUI QUI TRANSPORTE LE VENT

Je suis un éclaboussé. J'ai une cicatrice de peine d'amour, moi aussi, juste ici. Qu'est-ce qu'on attend? Il y a des flaques à naviguer, des gros nuages à faire éclater.

LÉONTINE, *tout bas*

Comment il sait que j'ai une peine d'amour, lui?

CELUI QUI TRANSPORTE LE VENT
Boutonnons nos manteaux! Bouclons nos bottes de pluie!

ANATOLE
J'ai peur des histoires tristes qui voudraient sortir...

CELUI QUI TRANSPORTE LE VENT
Il va falloir se mouiller...
Le voyage commence!

# 5

CELUI QUI TRANSPORTE LE VENT
Approche, le Vent! Viens danser par ici!

*LE VENT S'AMÈNE, VIENT LES FRÔLER,*
*AVEC DOUCEUR.*
*LA PLUIE VIENT FAIRE DES BONDS ET DES*
*SURSAUTS PRÈS D'EUX.*

CELUI QUI TRANSPORTE LE VENT
Hé! la Pluie! Tu viens encore nous étourdir...

*Il invite la pluie à danser. MAIS LA PLUIE*
*FAIT À SA TÊTE, ELLE S'ÉCHAPPE...*
*UNE BOURRASQUE ENTRAÎNE TOUT LE*
*MONDE DANS UN TOURBILLON.*

CELUI QUI TRANSPORTE LE VENT
Regardez, on est arrivés au bord de la flaque. Tous les cœurs gros du monde se sont déversés comme les nuages.

LÉONTINE, *à Anatole*
C'est-tu normal que je comprenne rien quand il parle?

CELUI QUI TRANSPORTE LE VENT
C'est une flaque inventée. On traverse ?

ANATOLE
Ah !... C'est comme un jeu ?

CELUI QUI TRANSPORTE LE VENT,
*faisant signe que oui*
Faut juste se mettre le pied à l'eau...

LÉONTINE
Un jeu, il dit ? Jouer ? Moi ? Non, non. Pas de temps
pour jouer. Merci, ce fut bien sympathique. Oh ! tiens
donc, l'orage s'est calmé. *(Elle mouille son doigt et
cherche le sens du vent.)* Il me semble que c'est... par là.
C'est ça. Au revoir.

ANATOLE
Oui, mais tes clefs ?

LÉONTINE
Je les retrouverai.

CELUI QUI TRANSPORTE LE VENT
Oui, mais l'amour ?

LÉONTINE
Je m'arrangerai.

*Elle veut partir. TONNERRE !*

LÉONTINE
C'est vrai que c'est couvert, encore.

*TONNERRE PLUS FORT. MONTÉE VERS
L'ORAGE.*
*Anatole réagit, comme si l'orage était
aussi à l'intérieur de lui.*

ANATOLE

Ça recommence, dans mes yeux. Ça revient toujours…
Est-ce qu'il va y avoir des tristesses plus grandes? Plus
grandes que celles que j'ai déjà?

CELUI QUI TRANSPORTE LE VENT

Le ciel se fait du noir d'encre…

ANATOLE

Mais pourquoi le mauvais temps fait disparaître les
gens? Pourquoi…?

CELUI QUI TRANSPORTE LE VENT

Tu crois que moi je le sais? C'est son secret bien
gardé…

ANATOLE

Mais si je veux le savoir…?

CELUI QUI TRANSPORTE LE VENT

Il faudrait que tu demandes.

ANATOLE, *au Vent*

Hé! le Vent! Viens par ici, j'ai deux mots à te dire!

*LE VENT SOUFFLE SUR ANATOLE ET LE
FAIT TOMBER À LA RENVERSE.*
*Anatole se fâche.*

*UNE LUTTE DANSÉE S'ENGAGE ENTRE EUX.*

ANATOLE
Pourquoi tu fais ça? Pourquoi?
Attends que je t'attrape!
Mais arrête, fatigant!

*LE VENT FILE TOUJOURS. Anatole lui court après, puis se résigne.*
*LA PLUIE S'APPROCHE DE LÉONTINE, ELLE LA MOUILLE UN PEU.*

LÉONTINE
Qu'est-ce qu'elle a, la pluie, à toujours tomber sur moi?

CELUI QUI TRANSPORTE LE VENT
Demande-lui.

LÉONTINE
Hé! la Pluie! Arrive ici, faut qu'on se parle!

*LA PLUIE CHATOUILLE LÉONTINE.*

LÉONTINE
Ga! Tu vois! C'est ça que j'aime pas... T'es là, t'approches, tu fais ta fine, pis hop! tu me piques dans le cou, tu me chatouilles les yeux... C'est trop mouillé pour moi!

*LA PLUIE FINIT PAR APPRIVOISER LÉON-TINE, ELLE L'ENLACE.*
*Léontine s'abandonne à l'étreinte.*

LÉONTINE

Mais moi, si j'entrouvrais mon cœur, juste un peu… j'aurais peur, moi aussi… d'avoir une rivière dans les yeux.

*Anatole n'en a pas fini avec ses sanglots.*

ANATOLE

Moi, j'aurais plein de questions à poser au ciel gris. J'aurais plein de tonnerres à crier moi aussi !

CELUI QUI TRANSPORTE LE VENT

Attends… attends…

*Celui qui Transporte le Vent se fait attentif et rassurant.*
*LE VENT ET LA PLUIE S'INFILTRENT…*

CELUI QUI TRANSPORTE LE VENT

Toute la pluie qui s'échappe par tes yeux… par où est-ce qu'elle commence ?

ANATOLE

Moi… Ça commence par une brisure dans mon cœur. Non, pas une brisure.

CELUI QUI TRANSPORTE LE VENT,
*comme le vent dans une flaque*

Fsss !

ANATOLE

C'est ça, une fissure. Fissure.

*La blessure d'Anatole semble s'ouvrir.*

CELUI QUI TRANSPORTE LE VENT
Fsss, fsss!

*Anatole trouve la fissure de son cœur et y
voit sa peine.*

ANATOLE
Je suis abandonné. Je suis devenu tout seul...

*LE VENT LAISSE PASSER LES SANGLOTS
D'ANATOLE.*
*Anatole esquisse un sourire, les yeux au
ciel.*

ANATOLE
Je voudrais aimer encore le son de la pluie... de la
pluie... de la pluie...

*DÉBUTE DANS L'AIR COMME UNE VALSE
VENTEUSE.*
*Anatole, apaisé, rieur, éclabousse Celui
qui Transporte le Vent.*

ANATOLE
Fsss! fsss...

*Celui qui Transporte le Vent répond à ces
éclaboussures.*

CELUI QUI TRANSPORTE LE VENT
Fss! fsss! fssss...

*LÉONTINE RÉSISTE, MAIS EST BIENTÔT ENTRAÎNÉE DANS LA VALSE DE L'AVERSE.*
*UNE DANSE MOUILLÉE S'ENGAGE.*
*ON S'ÉCLABOUSSE. ON RIGOLE.*
*PUIS, C'EST L'APAISEMENT DES CŒURS ET DU VENT.*
*Anatole et Léontine voient qu'ils sont passés à travers le nuage...*

ANATOLE
C'est passé...

*Anatole soupire... Léontine soupire...*

# 6

CELUI QUI TRANSPORTE LE VENT
Le temps est presque bleu maintenant.

LÉONTINE
Je peux tenir la pluie dans mes mains!

ANATOLE
Je peux tenir la pluie dans mes mots! J'avais un sanglot
juste ici, je l'ai perdu!

LÉONTINE
J'ai été très courageuse, moi, en tout cas. Vous trouvez
pas?

CELUI QUI TRANSPORTE LE VENT
Ce que j'arrive pas à dire, moi, je l'envoie dans le vent,
je le confie à l'eau. Je l'enfouis dans les flaques.

*LE TONNERRE, AU LOIN, GRONDE ENCORE.*

ANATOLE
Mais comment ils font, les cœurs des gens, pour rester
accrochés, pour tenir bon?

LÉONTINE
Il faudrait inventer des parapluies plus solides, des bottes qui prennent pas l'eau!

ANATOLE
Pourquoi ça existe pas, des parapluies qu'on se mettrait au-dessus du cœur?

CELUI QUI TRANSPORTE LE VENT
Je pense qu'il y a des réponses à des pourquoi qui arrivent jamais-jamais...

ANATOLE et LÉONTINE
Jamais-jamais?

*UN COUP DE VENT PASSE, ENTRAÎNANT CELUI QUI TRANSPORTE LE VENT.*

CELUI QUI TRANSPORTE LE VENT
Je connais un endroit, tout au bout du fil de l'eau... Un endroit tellement grand, tellement géant, que même les rivières, les fleuves, même nos peines en deviennent minuscules. Un réservoir de bleu, plein de sel comme les larmes, capable d'avaler toutes les histoires. Même son nom est trop petit pour le contenir. C'est un mot plein d'eau et de rêves, un mot qui déborde. Si vous voulez, je vous emmène... je vous emmène jusqu'à l'océan!

LÉONTINE
Mais l'océan, c'est bien trop loin!

ANATOLE
C'est bien trop épeurant!

CELUI QUI TRANSPORTE LE VENT
Je l'ai vu. J'en suis revenu.

ANATOLE
On peut pas partir là-bas juste dans nos bottes de pluie...

LÉONTINE
Ce qu'il nous faudrait, c'est un paquebot, un navire!

ANATOLE
Ou un traversier!

*Celui qui Transporte le Vent sort des bateaux en papier de ses poches.*

CELUI QUI TRANSPORTE LE VENT
Embarquez, matelots!

LÉONTINE
Des bateaux en papier, voyons donc, ça peut pas aller ben loin...

ANATOLE
Ça finit par se mouiller...

LÉONTINE
J'y poserais pas le bout du pied...

ANATOLE
Si ça prend l'eau, ça se défait en petits lambeaux...

LÉONTINE
Pis ça fait quoi?

**ANATOLE**
Ça coule…

**LÉONTINE**
C'est ça.

**CELUI QUI TRANSPORTE LE VENT**
Prends-en un. Mets-le contre ton oreille.

**LÉONTINE**
Bon! Une autre affaire!

**CELUI QUI TRANSPORTE LE VENT**
Prends-en un. Écoute…

*Ils prennent les bateaux de papier et les collent à leur oreille.*
*Ils y entendent des mots d'amour…*

« MON CHER AMOUR, VOILÀ TROIS JOURS QUE TU ES PARTI, ET DÉJÀ JE RÊVE DE TOI, DE TES BRAS, JE RÊVE QUE JE TE REVOIS… »

« JE T'ÉCRIS POUR TE DIRE QUE JE T'AIME, QUE JE T'ATTENDS DANS LA SAISON DE NOUS DEUX, QU'UN JOUR MON CŒUR S'EST PERDU DANS SA PEINE, QUE SANS TOI IL NE REVIENDRA PLUS… » [1]

« JE N'AI PAS LES MOTS, MON AMOUR, POUR ÉCRIRE CETTE LETTRE.

[1]. Gaston Miron, « Je t'écris », dans *L'homme rapaillé*, Éditions Typo, 1998
© 1998 Éditions Typo et succession Gaston Miron
(Marie-Andrée Beaudet et Emmanuelle Miron)

JE L'ENVOIE DANS L'ESPACE.
JE N'AI JAMAIS PU TE DIRE COMBIEN JE T'AIMAIS.
JE RÉPÈTE SEULEMENT : TOI, TOI…» [2]

LÉONTINE
C'est des lettres… d'amour…

ANATOLE
C'est des lettres pleines de mots doux…

CELUI QUI TRANSPORTE LE VENT
Elles étaient égarées, je les ai ramassées.

ANATOLE
Celle-là ici, c'est un dessin. C'est un dessin avec un gros cœur dessus…

CELUI QUI TRANSPORTE LE VENT
Comment vous voudriez qu'on fasse naufrage sur ces bateaux-là ?

> *Ils sourient. Ils mettent les bateaux de papier à l'eau et s'embarquent pour la traversée.*
> *LE VENT ET LA PLUIE VOYAGENT SUR L'EAU AVEC EUX ET DANSENT CETTE TRAVERSÉE VERS LA MER ET VERS EUX-MÊMES.*

---

2. Extrait, traduit par Fanny Britt, d'une lettre, jamais envoyée mais datée du 22 octobre 1938 par Nadejda Mandelstam qui la destinait à son époux Ossip.

# 7

**LÉONTINE**
Où est-ce qu'on est rendus, là ?

**CELUI QUI TRANSPORTE LE VENT**
On arrive au bout du chemin d'eau.

**LÉONTINE**
Mais je reconnais pas la route. Mais il doit être tard. Mais je devrais être au lit depuis longtemps, bien endormie. J'ai plein de choses à faire, moi, demain. Où est-ce qu'on est ?

**CELUI QUI TRANSPORTE LE VENT**
On rame.

**LÉONTINE**
Mais j'ai jamais voulu être un marin, moi. Sans gilet de sauvetage, même pas de bouée. Je suis fatiguée. Assez de voyage, merci.

**CELUI QUI TRANSPORTE LE VENT**
On est presque rendus.

**LÉONTINE**
Où ?

CELUI QUI TRANSPORTE LE VENT
Dans un lieu de secrets. Et de silence.

LÉONTINE
Oui, mais…

CELUI QUI TRANSPORTE LE VENT
De silence.

LÉONTINE
Je…

CELUI QUI TRANSPORTE LE VENT
Silence!

LÉONTINE
… veux juste savoir si…

CELUI QUI TRANSPORTE LE VENT
Chut!

LÉONTINE
… si…

CELUI QUI TRANSPORTE LE VENT
Chut! … Quoi?

LÉONTINE
… juste savoir si on rentre à la maison après.

*CHANGEMENT DE VENT. MUSIQUE D'EAU*
*ET DE RESSAC.*

CELUI QUI TRANSPORTE LE VENT
Écoutez!

ANATOLE
Oh!

CELUI QUI TRANSPORTE LE VENT
On arrive!

LÉONTINE
Mais où?

CELUI QUI TRANSPORTE LE VENT
C'est...

ANATOLE
C'est...

LÉONTINE
Quessé...?

ANATOLE
La mer!

CELUI QUI TRANSPORTE LE VENT
La mer!

LÉONTINE
La mer? Mais comment ça se peut, ça? Il y a jamais eu
de mer dans le coin!

ANATOLE
La mer!

*Ils prennent de grandes inspirations.*
*Ressacs.*
*Celui qui Transporte le Vent ouvre son*
*baluchon de bouteilles.*

CELUI QUI TRANSPORTE LE VENT
Le monde, il déborde d'histoires…
On en ramasse partout… Écoutez.

*Il sort une bouteille, comme un objet*
*précieux.*

CELUI QUI TRANSPORTE LE VENT
Ici, un garçon à qui on avait promis la Lune, la vraie,
mais qui s'est retrouvé le jour de sa fête avec une fausse
lune en carton mal découpée.

*Il ouvre la bouteille, tous y mettent*
*l'oreille et y entendent les sanglots du*
*garçon.*

CELUI QUI TRANSPORTE LE VENT
Un mensonge.

*Il remet le bouchon, ouvre une autre*
*bouteille.*

CELUI QUI TRANSPORTE LE VENT
Ici, une petite fille dont le père avait trop bu, qui s'est
retrouvée embarrée dehors, oubliée là, perdue sur des
trottoirs mouillés. Même si son père lui avait dit qu'il
prendrait toujours soin d'elle…

> *Ils écoutent au goulot le bruit d'une respiration traumatisée.*

CELUI QUI TRANSPORTE LE VENT
Une trahison.

> *Une autre bouteille.*

CELUI QUI TRANSPORTE LE VENT
Ici, tous les pourquoi d'un petit homme qui voudrait devenir marin, mais à qui personne veut expliquer les marées, personne a le temps pour ça, personne prend le temps de lui raconter des histoires.

> *Ils écoutent au goulot les cris du garçon répercutés sur la mer.*

CELUI QUI TRANSPORTE LE VENT
Un abandon.

> *Celui qui Transporte le Vent remet une bouteille à Anatole et une à Léontine.*

LÉONTINE
Elle est vide, celle-là.

CELUI QUI TRANSPORTE LE VENT
Elle est à remplir.

LÉONTINE
De quoi?

CELUI QUI TRANSPORTE LE VENT
De ce que tu veux. Des chagrins, des questions, des traces…

**ANATOLE**
Toutes les larmes…

**CELUI QUI TRANSPORTE LE VENT**
Les peurs, ou les murmures…

**LÉONTINE**
Hein? Je comprends rien, moi là, là!

**CELUI QUI TRANSPORTE LE VENT**
Dans la bouteille…

**LÉONTINE**
La bouteille vide, oui…

**CELUI QUI TRANSPORTE LE VENT**
Tu y déposes…

**ANATOLE**
… un secret.

**LÉONTINE**
Un secret, moi?

**CELUI QUI TRANSPORTE LE VENT**
Quelque chose que tu veux laisser partir à la dérive.

**LÉONTINE**
Dans l'eau?

**CELUI QUI TRANSPORTE LE VENT**
Dans l'eau.

**LÉONTINE**
Ben voyons! Quoi donc?

CELUI QUI TRANSPORTE LE VENT
Ce que tu veux.

LÉONTINE
Ben… pourquoi?

CELUI QUI TRANSPORTE LE VENT
Parce que la mer, elle les prend.

LÉONTINE
Ah ouin? C'est une voleuse?

CELUI QUI TRANSPORTE LE VENT
Non! c'est comme un pacte avec elle.

LÉONTINE
Avec la mer?

CELUI QUI TRANSPORTE LE VENT
Oui!

ANATOLE
Ben oui!

LÉONTINE
Comment?

CELUI QUI TRANSPORTE LE VENT
On lui demande de transporter la bouteille au plus creux de son cœur.

LÉONTINE
Le cœur de la mer?

ANATOLE
Le cœur de la mer!

CELUI QUI TRANSPORTE LE VENT
La mer, elle avale tout! Elle emporte la peur tellement loin qu'on l'entend plus, tout au fond de l'eau, avec les étoiles de mer, les algues et les galets.

ANATOLE
Et les crabes?

CELUI QUI TRANSPORTE LE VENT
Oui, mais les crabes ont pas d'oreilles, ils entendent pas les cris.

ANATOLE
Ça les dérange pas?

CELUI QUI TRANSPORTE LE VENT
Non. Et les courants passent. Et du sable se dépose. Et du silence aussi. Tout au fond de l'eau.

LÉONTINE
Mais pourquoi on fait ça?

CELUI QUI TRANSPORTE LE VENT
Pour respirer mieux.

ANATOLE
Pour retrouver son souffle.

LÉONTINE
Ah ouin?

**CELUI QUI TRANSPORTE LE VENT
et ANATOLE**
Ouin.

**LÉONTINE**
En lançant des bouteilles dans l'eau?

**CELUI QUI TRANSPORTE LE VENT
et ANATOLE**
Ouin.

**CELUI QUI TRANSPORTE LE VENT**
T'as sûrement quelque chose à raconter?

**ANATOLE**
À confier à la mer?

**LÉONTINE**
Vous êtes drôles, vous autres. Non.

**CELUI QUI TRANSPORTE LE VENT**
Non?

**ANATOLE**
Sûre, sûre?

**LÉONTINE**
Ben…

**ANATOLE**
Ah.

**CELUI QUI TRANSPORTE LE VENT**
Eh ben!

LÉONTINE
Est-ce que ça va être long, vous autres, vos affaires?

CELUI QUI TRANSPORTE LE VENT
Non.

LÉONTINE
Ben moi, je vais vous attendre plus loin. Je vais… je vais… lancer des roches… par là… par là…

*Léontine part en emportant sa bouteille.*
*Celui qui Transporte le Vent et Anatole*
*la regardent s'éloigner.*

# 8

*LE VENT SE TAIT.*
*Anatole prend sa bouteille, solennellement.*
*Il respire un bon coup et raconte.*

ANATOLE
Quand j'étais petit
Mon père me serrait toujours trop fort
Dans ses grands bras
Trop fort
Je disais : Arrête!
Je fuyais
Je disais que j'avais pas besoin
Alors il s'est fatigué
Il s'est éloigné
Au fond de mille bouteilles, il s'est laissé couler
Mais c'est pas possible de se fatiguer autant…

Mon père est plus là pour me dire « mon enfant », alors forcément je serais devenu adulte…? Mais je crois que je suis encore un peu enfant, c'est juste que je le cache, j'ai appris à le cacher…

Il me restait des choses à te dire
Tu sais, c'est maintenant que j'aurais besoin de tes bras

Depuis que t'as disparu
Je peux rien faire d'autre que pleurer et avoir peur
Qui est-ce qui va m'expliquer l'orage?
Qui est-ce qui va me dire : « C'est pas grave, c'est rien,
endors-toi » ?
Je saurai plus jamais ce que tu penses, si t'es fier de moi

À m'éloigner trop souvent de tes bras, je t'aurai peut-
être fait du mal
Pardon
Je suis inconsolable, mais peut-être que... peut-être...
*(À Celui qui Transporte le Vent)* Qu'est-ce que je dois
faire maintenant?

CELUI QUI TRANSPORTE LE VENT
Referme le goulot. Lance la bouteille à bout de bras...

ANATOLE
Elle sera pas trop fragile?

CELUI QUI TRANSPORTE LE VENT
Aie pas peur. Lance-la le plus loin possible, le plus
haut, le plus beau plouf!

*Anatole lance sa bouteille à bout de bras*
*et la regarde prendre le large.*

CELUI QUI TRANSPORTE LE VENT
Ton père, maintenant, c'est un coup de vent.

ANATOLE
On dirait que je l'entends rire, des fois, entre deux
vagues de peine. Je l'entends encore.

CELUI QUI TRANSPORTE LE VENT
Demain matin, après la pluie, si t'ouvres ta fenêtre, tu vas peut-être sentir sa présence frôler ton visage. Tu vas voir qu'il est toujours là. Pour toujours…

> *Celui qui Transporte le Vent et Anatole*
> *se prennent du vent salé plein les narines.*
> *Léontine revient timidement vers eux,*
> *serrant sa bouteille contre elle.*

LÉONTINE, *très gênée*
Quand j'étais petite, moi
Toute petite, haute de même
J'étais… tombée amoureuse… de mon voisin
Il s'appelait… Valentin.

> *Les deux garçons éclatent de rire.*

LÉONTINE
Oui bon!
Valentin, mon Valentin, je l'aimais très fort.

ANATOLE
Valentin?

LÉONTINE
Riez pas, c'est grave!
Un jour, allez savoir pourquoi
Sans qu'on m'explique en tout cas
Il a fallu qu'il parte
Très loin
Dans une autre ville
À cause du travail de son père
On a compté les derniers jours ensemble

Assis côte à côte sur sa galerie
Sans que je puisse lui dire
Comment grand était mon amour pour lui
La gêne, j'imagine…
Valentin! … *(Elle prévient.)* Riez pas!
Le matin de son départ
Pour l'autre ville très loin
Il pleuvait très-très fort
Il pleuvait des cordes, comme disait ma mère
Les gouttières débordaient
Ma mère, elle a refusé que j'aille dehors
À cause du froid, du rhume, de la pluie trop forte
Mais peut-être aussi à cause de la peine
Pour me protéger, qu'elle a dit
Elle a refusé que je sorte
Pour les adieux
Pour les au revoir d'amour
En regardant dehors à travers la vitre mouillée
À travers mes yeux embrouillés
J'ai vu rien qu'une forme de petit garçon
Un Valentin comme fripé par l'eau sur la vitre
Et j'ai pas vu s'il pleurait lui aussi
Comme moi je pleurais
J'ai pas su si je comptais vraiment pour lui
J'ai pleuré, toutes les nuits après
Toutes les nuits
Maman disait : « C'est rien, arrête ça! »
Maman disait : « Tais-toi! c'est fini! dors! »
Mais depuis ce temps-là
Depuis Valentin
J'ai beau avoir grandi, j'ai beau être plus adulte
Plus responsable
Partout où je vais dans la vie

Partout où je passe
Tout ce que je ramasse
C'est des peines d'amour.

> *Temps.*

**LÉONTINE**
Est-ce que c'est assez pour une seule bouteille?

> *Les deux garçons font signe que oui.*

**LÉONTINE**
Est-ce que je peux la lancer loin?

> *Les deux garçons font signe que oui.*
> *Léontine lance très loin sa bouteille.*

**LÉONTINE**, *gênée, donc expéditive*
Ça fait que c'est ça. Adieu, Valentin, adieu! C'est ça
que je voulais dire. C'est ça que je voulais laisser partir,
au creux de l'océan, avec les crabes. Bon. Est-ce que
c'est correct?

> *Les deux garçons font signe que oui, puis*
> *se rapprochent d'elle.*
> *Celui qui Transporte le Vent prend les*
> *bouteilles déjà nommées et les lance dans*
> *l'eau une à une.*

**CELUI QUI TRANSPORTE LE VENT**
Un mensonge. *(Un plouf!)* Une trahison. *(Un plouf!)*
Un abandon. *(Un plouf!)*

ANATOLE
Emporte-les, la mer!

CELUI QUI TRANSPORTE LE VENT
Jusqu'aux grandes vagues!

ANATOLE
Jusqu'à ton cœur bleu!

*Soupir.*

# 9

*IL SE REMET À PLEUVOIR ET À VENTER.*
*TOUS LES TROIS SE LANCENT DANS LES*
*FLAQUES EN RIANT, EN SAUTANT, EN*
*S'ÉCLABOUSSANT.*
*LA PLUIE EST APPRIVOISÉE!*
*LE VENT S'AMUSE!*
*L'averse passée, tous les trois sont essoufflés,*
*contents.*

LÉONTINE
Ma mère disait toujours : « Sors pas dans la pluie comme ça, tu vas attraper la mort! »

ANATOLE
Elle avait tort.

*Celui qui Transporte le Vent refait lentement son baluchon de bouteilles.*

LÉONTINE
C'est pas un peu lourd, tout ça, sur ton dos?

*Il sourit.*

CELUI QUI TRANSPORTE LE VENT
Puisque la pluie revient toujours, moi je dis : qu'il pleuve de l'encre! Qu'il en pleuve, des histoires! Qu'il pleuve des musiques!

Peut-être qu'un jour, on pourra mettre tout le vent mauvais des choses dans une seule bouteille... Ou peut-être juste, de temps en temps, des petits morceaux, des soupirs ou des respirs d'enfants, juste un peu d'apaisement...

ANATOLE
Je suis consolé. Mais je suis pas d'accord avec ce qui arrive.

CELUI QUI TRANSPORTE LE VENT
Même si on a pas de réponses à nos pourquoi, il faut pas s'arrêter de les demander...

ANATOLE
Tu vas repartir toi aussi?

CELUI QUI TRANSPORTE LE VENT
Il y a peut-être un enfant, un oiseau ou le cœur de quelqu'un quelque part qui est prisonnier d'une flaque. Je sais comment les traverser.

LÉONTINE
T'es un bon gars, toi. T'as un drôle de nom, mais t'es un ben bon gars.

CELUI QUI TRANSPORTE LE VENT
Je vous tourne le dos, maintenant. Allez retrouver votre chemin, allez!

*IL REPART, DANS UN COUP DE VENT MAGNIFIQUE.*

# 10

*Anatole et Léontine rebroussent chemin.*
*La ville au loin s'illumine comme des*
*lucioles. Comme quelques gouttes de pluie*
*les chatouillent encore, Léontine ouvre*
*son parapluie. Sa clef en tombe. Anatole*
*se surprend à rire!*

ANATOLE
Est-ce que tu voudrais que l'amour fasse moins de
peine?

LÉONTINE
Comment?

ANATOLE
En prenant ma main.

LÉONTINE
Elle est mouillée.

ANATOLE
C'est parce que je suis nerveux.

LÉONTINE
T'as les yeux dans l'eau.

ANATOLE

C'est parce que je suis heureux. Mon cœur aussi est inondé.

LÉONTINE

T'as pas peur de te noyer?

ANATOLE

Si tu prends ma main, non.

> *D'un regard, ils s'invitent à danser.*
> *ILS TROUVENT UN PAS LÉGER, LES YEUX*
> *PLONGÉS DANS LES YEUX DE L'AUTRE.*
> *Ils font mine de partir, mais...*

ANATOLE et LÉONTINE

Atchoum!

*DERNIER PETIT TONNERRE AU LOIN.*

*Noir.*

Achevé d'imprimer en novembre 2006
chez Ginette Nault et Daniel Beaucaire
Saint-Félix-de-Valois (Québec)